EL ORÁCULO DE THOT

JAMES GREEN

www.eloraculodethot.guiaburros.es

EDITATUM

Diseño de cubierta: © Adreams
Maquetación de interior: © EDITATUM
Primera edición: Octubre 2019

ISBN: 978-84-18121-00-5
Depósito legal: M-34732-2019

IMPRESO EN ESPAÑA/ PRINTED IN SPAIN

Si después de leer este libro, lo ha considerado como útil e interesante, le agradeceríamos que hiciera sobre él una **reseña honesta en Amazon** y nos enviara un e-mail a **opiniones@guiaburros.es** para poder, desde la editorial, enviarle **como regalo otro libro de nuestra colección.**

A mi mujer y mis hijos, mi alma y mi corazón.
Y a mis padres, lo que soy se lo debo a ellos.

Sobre el autor

James Green es informático de formación, viajero vacacional, y desde hace años ejerce de periodista y fotógrafo *freelance*. Japón, Turquía o Noruega han sido sus últimos destinos, pero, poco a poco, su pasión por Egipto lo ha llevado a visitar muy a menudo este país, y a estudiar en profundidad la cultura y la religión de los antiguos egipcios.

Fruto de esta pasión y de estos viajes a la tierra de los faraones es este libro que saca a la luz el testimonio de un tiempo que se creía perdido.

Índice

Introducción

Me ha costado mucho tomar la decisión de publicar este libro.

La primera vez que me hablaron de la existencia real de La Tabla de Esmeralda fue en un susurro. Un misterio de siglos que un día decidieron revelarme no sé con qué fines. Para mí, La Tabla de Esmeralda era solo un mito pero, incluso si fuese cierta su existencia, era imposible que después de tantos siglos aún se conservase, y todavía era más increíble que aquellas gentes que me la mostraron, humildes y anónimas, la tuvieran en su poder. Sencillamente era inconcebible.

Desde luego conocía los mitos, había escuchado las leyendas, las historias antiguas que hablaban de esa Tabla de Esmeralda, el más enigmático de todos los libros «perdidos», el más soñado, el más buscado…

Me revelaron que no era un libro. Que no se había perdido, sino que estaba en posesión de una familia que lo custodiaba de generación en generación desde hacía mucho, mucho tiempo. Y que esa familia existía y vivía en el barrio copto de El Cairo. Me lo contaron a media voz, despacio, poniendo muchos silencios entre las palabras, acentuando la solemnidad del momento, del secreto que se revela y se comparte.

«¿Por qué a mí?», pregunté. Nuevo silencio, ahora acompañado de muecas de indiferencia. Pero no creí. Al menos no del todo.

Viajé otras veces a Egipto, siempre sin poder borrar de mi cabeza aquella afirmación asombrosa que me hiciera un joven guía del templo de Edfú.

Un joven guía que me siguió con la mirada, fue a mi encuentro y suavemente me preguntó cosas aparentemente sin sentido sobre mí; me condujo a un subterráneo donde me tocó tres puntos de mi cuerpo, lo que me provocó un choque tan tremendo que me derrumbó, mientras oía entre aquella penumbra su sorda y profunda respiración, casi animal, y veía a la luz de la pequeña linterna sus ojos en blanco y su gesto extático. Luego me llevó al Nilo y me echó agua mientras se reía de mí y me daba cachetes en la cabeza diciendo: «Demasiado pensar, demasiado pensar». Le pregunté si era un sufí y me contestó que era un *wali*, un amigo de Dios.

Pasaron algunos años y cada poco tiempo regresaba a Egipto movido por la creciente pasión que la tierra de los faraones me provocaba, cada vez más profundamente. En uno de esos viajes decidí buscar al *wali*. Iba a estar unas semanas yo solo en El Cairo, desocupado. «¿Quieres ver La Tabla de Esmeralda?», me preguntaron cuando logré localizar a aquel hombre, amigo del guía que años atrás me habló del secreto. Concertamos una cita. El taxi me dejó junto a la entrada del barrio copto.

Era casi mediodía y hacía mucho calor. Llegué hasta la iglesia de San Jorge. Allí me esperaba y lo reconocí inmediatamente. Aquellos siete años apenas habían dejado huella en su rostro. No había cambiado mucho su aspecto jovial, su sonrisa amplia y sus ojos oscuros, que mostraban inteligencia e inocencia.

—Bienvenido —me dijo—. Nos esperan, pero primero veneremos a San Jorge —así lo hicimos y salimos no sin antes regalarme una pequeña ampolla de plástico con aceite del santo y una pequeña estampa perfumada—. Este San Jorge cristiano es la misma figura que para los musulmanes es Al Kider —me dijo, y continuó—; es el maestro de maestros, el jefe vitalicio de la jerarquía espiritual. Él no muere, siempre está entre nosotros, pero oculto. Se puede mostrar como un príncipe o como un mendigo, como un sabio o como un idiota. Él es el que lucha perennemente contra el dragón para salvar a la doncella, para salvar la inocencia del mundo.

Al cabo de pocos minutos llegamos a una casa con la puerta abierta, en cuyo umbral colgaba una cortina gris. Por la ventana, desde la calle, se veía una reducida cocina y una mujer atareada en los fogones. Jamás pensé que allí, en una humilde casa con las puertas abiertas de par en par, en el domicilio particular de una familia sencilla, se guardara uno de los tesoros más buscados de todos los tiempos.

La mujer, gruesa y afable, nos ofreció su hospitalidad: té y dulces.

Mi guía me advirtió de que debíamos esperar al «Maestro del Oráculo», el anciano custodio del tesoro. Mientras, me habló profusamente de aquella vieja reliquia, en tanto la mujer hacía sus faenas en la casa.

Me dijo que, en realidad, se trataba de un antiquísimo y sagrado oráculo egipcio que escribió el mismísimo dios Thot, y que con el tiempo se convirtió en el Oráculo de Amón. Que inicialmente fue exclusivamente consultado por los faraones e interpretado por los sacerdotes, y que alguien, en tiempos remotos, en las épocas del caos, evitó que se perdiera, luego estuvo oculto hasta la llegada de los cristianos y después durante la conquista musulmana. Nadie sabía si existía el original y, si así era, dónde se guardaba la mesa de piedra en la que estaban incrustadas piedras preciosas, ni las pequeñas planchas de oro que se colocaban encima y constituían el oráculo propiamente dicho. Me informaron de que, en realidad, originalmente eran dos objetos que el tiempo convirtió en uno solo. Una cosa era la mesa y otra las planchas de oro. Yo iba a ver una copia fiel también muy, muy antigua, en tela y madera. Mi guía me habló de la leyenda que decía que primero se ocultó, más tarde fue robada, luego perdida, después buscada y, al fin, encontrada. Y yo iba a tenerla ante mis ojos.

El Maestro del Oráculo llegó, era un anciano al que había visto antes vendiendo a los turistas cruces de San Jorge, de caña adornadas de colores. Me sonrió, se sentó y esperó a que le sirvieran un té y algo de comida. Pasó el tiempo apaciblemente mientras mi impaciencia iba en aumento. Preguntaba por mi país, mi ocupación, mi familia, mi salud… Todo a través de mi amigo, que traducía del árabe a la mezcla de inglés con algo de español e italiano en la que nos entendíamos. Al cabo de un buen rato, se levantó y desapareció por la puerta de la pequeña habitación, para volver al poco tiempo con un bulto cubierto por una tela vieja y descolorida que en sus tiempos se debió ver luminosa y elegante. Se volvió a sentar y dejó el paquete en el suelo para luego quitar, con manos torpes y lentas, pero con infinita delicadeza, el envoltorio. Allí apareció entonces una caja de madera oscura —de 70 x 40 cm, aproximadamente—, sin adornos ni signos externos, y cerrada con tiras de lo que me pareció cuero. Abrió la caja con la misma lentitud.

— Mi familia ha guardado y custodiado el Oráculo y la Tabla desde hace siglos. Perteneció a los dioses, luego a los faraones y ahora debe pertenecer a los hombres. Es poderoso, muy poderoso…

Apareció ante mis ojos otra tela más fina, enrollada y atada con una cinta verde oscura. En otra caja de madera más pequeña y atadas con otra cinta, esta vez de color rojo oscuro, se veían, en dos montones —uno más grande que el otro—, unos pequeños cuadrados de piel curtida y vieja, y con un tamaño aproximado de ocho centímetros de lado. Los más pequeños medirían seis por seis. Acerté a decir:

— Creí que el Oráculo y la Tabla eran la misma cosa.

— Es el mismo objeto que tiene dos funciones distintas —me contestó el anciano—. El Oráculo te revela la palabra de los dioses y la Tabla guarda todos los secretos del mundo, los secretos del señor Thot.

Desenrolló la delgada tela, que me pareció de lino y de un color verde apagado por el paso del tiempo. Me dijo que era la reproducción de La Tabla de Esmeralda original. Después desanudó la cinta roja que ataba los rectángulos de piel. Me explicó que había 81 y que contenían las sentencias del Oráculo —escritas en árabe— y diez más pequeños que simplemente tenían escritos —también en árabe— los números del cero al nueve. Según me dijeron, esas piezas fueron, en un pasado remoto, de oro puro, así como la caja en la que se guardaban, y decían que fueron escritas por el propio dios Thot y fabricadas por Ptah.

Mi amigo aseguró que esas piezas que veía tenían alrededor de setecientos años, fecha en que fueron traducidas al árabe supuestamente del copto, debido a que las anteriores, de las que fueron copiadas, eran de madera y estaban ya muy deterioradas. Sabían que fue traducida de la escritura jeroglífica original al copto por los primeros monjes cristianos de la Tebaida. Entonces se hicieron dos copias, una era la que tenía delante y la otra se la llevaron los cristianos en la Edad Media a Europa y no se supo más de ella.

— Es una copia de una copia. El original en oro debe estar escondido en algún lugar, pero se hizo una copia en madera y luego esta que ves. Este es el oráculo que consultó Alejandro Magno, por eso a veces lleva su nombre. Hoy nadie sabe leer la Tabla, pero el Oráculo está activo.

Miré con asombró aquella pieza llena de símbolos y en la que también destacaban muchas figuras geométricas y dibujos claramente basados en escritura jeroglífica.

— Además hay otras ocho piezas con símbolos geométricos. En total son noventa y nueve, pero estas últimas no sabemos qué significan.

Vi cómo esas ocho piezas tenían efectivamente simples figuras geométricas que anoté: un cubo, una pirámide, una cruz de la vida egipcia, un óvalo igual al cartucho donde se escribían los nombres de los faraones… En el anverso cada una tenía un color: blanco, negro, verde, amarillo, azul, rojo, naranja, violeta…

— Vea esto también.

Me mostró unas pequeñas láminas en número de doce. En cada cara, en el anverso y el reverso, había una figura de lo que parecían dioses en una mezcla de arte egipcio y griego.

— Son las veinticuatro fuerzas. Estas láminas se copiaron y pasaron a Europa en las Cruzadas, pero se perdió una. Es lo que ustedes ahora llaman tarot.

Me mostré sorprendido. Mis conocimientos sobre tarot eran, y siguen siendo, básicos, pero efectivamente había muchas similitudes con los llamados arcanos.

— ¿Y el Oráculo funciona?

— Sí, sin duda. Continúa siendo muy poderoso. No te dice lo que tú quieres oír, sino lo que necesitas oír; ahí reside su poder. Recuerda que fue consultado por los más grandes faraones y Alejandro viajó expresamente para escucharlo. Su uso es muy fácil. Las piezas previamente se mezclan con ambas manos, como si fueran fichas de dominó. Este proceso de mezcla recrea el caos primordial que los egipcios llamaban Nun y que al moverlas con ambas manos permite una transferencia de energía del Maestro a las tablillas. Luego se extienden boca abajo sobre el tapete, formando un cuadrado de nueve por nueve. A continuación tomas las diez piezas numeradas, las mezclas también y las tienes en las manos. Seguidamente haces la pregunta siguiendo unas pautas. Prueba tú mismo, piensa en una pregunta sencilla.

Así lo hice.

— Ahora, de las tablillas numeradas que tienes en las manos coges la primera y ves el número.

Salió el tres.

— Ahora se debe sacar la segunda.

Esta vez salió el cero.

— Entonces la respuesta está en la tablilla treinta. Ahora cuentas. Pero hay una cosa muy importante. Si tu pregunta es de índole material, es decir, del mundo, debes contar empezando por tu derecha; si la pregunta es de naturaleza espiritual, entonces debes hacerlo empezando por la izquierda.

— ¿Sabéis la razón?

— Sí. De la derecha, de oriente, viene la luz de la vida, desde occidente vienen las respuestas del otro mundo. Para consultar el Oráculo hay que ponerse cara al norte, pero ya te diré cómo se consulta de modo correcto, ahora es solo para que lo conozcas.

— Mi pregunta es del mundo.

— Pues cuenta empezando siempre por la fila de arriba y en este caso por la derecha, destapas la tablilla correspondiente y esa será la respuesta.

Empecé a contar y destapé la tercera pieza de la derecha de la cuarta línea y se la di a Tarek para que la leyera. Me sorprendió lo que escuché. No era una respuesta que esperase, pero de algún modo me daba una guía.

— Ahora puedes copiar el texto de todas las tablillas.

Tarek, el amigo de Dios, fue dando la vuelta ordenadamente una a una a todas las piezas y me las dictó hasta que terminé de copiarlas en mi cuaderno. El orden en que están reflejadas en el libro es el mismo en el que me las leyó Tarek aquella primera vez que las tuve en las manos y coloqué encima del tapete.

— ¿Y ahora?

— Dalo a conocer. Tú podrás hacerlo. Nosotros solo somos unos pobres ignorantes a los que nadie jamás creería y tampoco sabemos cómo podríamos conseguirlo. A ti muchos tampoco te creerán, pero habrá otros que sí lo harán y seguro que hallarás algún modo de enseñarlo al mundo. Ahora es tarea tuya.

Siete años después volví a preguntar lo mismo:

— ¿Y por qué yo?

— Hay muchas razones. Tú amas y conoces lo que fue esta antigua tierra, respetas a los *neteru* y sabes ver más allá de faraones, dinastías y monumentos. También eres capaz de ver que el Dios de los cristianos y Alá es el mismo y que el tiempo ha entrado en una fase diferente, de cambios acelerados. Hay cosas que a ti no es necesario explicártelas. Estas cosas no son comunes en un europeo. La mayoría son eruditos que saben mucho de la cáscara, pero nunca se atreven a abrirla y son incapaces de mirar dentro. Jamás sabrían comprender que el pensamiento nace del corazón o qué significa el concepto viviente. Son personas limitadas por su propia mente, pero ellos no tienen la culpa, es lo que les han enseñado. Sin embargo, nosotros debemos cumplir con nuestro deber y ese es ahora mostrar primero el Oráculo y, más adelante, si Alá —a Él la gloria— quiere, la Tabla. Lo demás no nos pertenece. Solo Alá sabe.

— Se podría intentar publicar en un libro…

— Un libro estaría bien, bien…

— Debería saber algo más de la historia.

— Lo que te hemos dicho es todo lo que conocemos. Nuestra familia procede de la zona de Al Minia.

Mi bisabuelo es el que trajo a la familia aquí, a El Cairo. Él me contaba que siempre se había oído que el Oráculo y la Tabla se guardaban en el templo de Thot.

—¿Pero era el Oráculo de Thot o el de Amón?

—Originalmente era el Oráculo de Thot; cuando el culto a Amón se extendió, cambió el nombre, pero recuerda que Amón era miembro de la Ogdoada, es decir, era de algún modo hijo de Thot.

—¿Podéis decirme más?

—En la sexta dinastía podemos decir que se vio el fin del antiguo Egipto sagrado, y en la séptima ya todo se vino abajo y se produjeron grandes revueltas. Fue en esa época cuando se escondió, según lo escuchado, la verdadera Tabla en un lugar cerca del templo, para evitar que se perdiera o fuese saqueada. Todo lo demás, incluido lo que vio Alejandro, fueron copias incompletas sacadas de una mandada hacer por Ramsés II, toda ella también de oro, que terminó en Roma llevada por Augusto y que luego fue fundida.

Afortunadamente, el Maestro del Oráculo hablaba sin prisa y Tarek me traducía lentamente para que pudiese escribir toda la conversación.

—No es verdad, como se ha dicho, que en Alejandría se guardase una copia. Allí sí había muchos escritos que hablaban sobre ella, pero no la original; esos escritos son los que pasaron a Grecia. Antes de esconder la original en la sexta dinastía sí se hicieron dos copias completamente fieles que estuvieron una en el templo de Ra, en Heliópolis, y otra en el templo de Karnak, en Tebas, y que fueron utilizadas por los sacerdotes hasta la dinastía XVIII, a partir de esa época se dejó de utilizar la original. Pero las copias de Heliópolis y Tebas ya no eran de oro y piedras preciosas, así se evitó la codicia. Sin embargo, también habían desaparecido ya los que sabían leer sus secretos, así como el recuerdo de dónde se escondía el original. Como te he dicho, Ramsés, ya en el esplendor de su imperio, mandó hacer esa copia otra vez de oro, que fue la que se llevaron los romanos y de la que se quitaron cosas muy importantes que por entonces ya eran indescifrables. Se dice que solo podían leerla algunos sacerdotes del templo de Luxor. Pero el Oráculo sí se continuó usando. La copia que estaba en Heliópolis es la que fue llevada por los cristianos a Europa en la Edad Media. La que estaba en Tebas es esta. Los cruzados se llevaron esa copia, que estaba hecha en madera, y también se llevaron unos manuscritos coptos sobre la sagrada familia, y más cosas sobre la estancia de Jesús en Luxor. De la copia robada por los cruzados hay referencias de que estaba en el norte de la España cristiana por lo menos hasta la desaparición de Al-Andalus. Unos dicen que esos caballeros robaron todo eso, otros dicen que ese tesoro se lo entregaron los monjes de Santa Catalina. Sea como fuere, se perdió o tal vez sea verdad que se conserve oculta en España, pero si es así nadie sabe su paradero. Esta que ves es la que fue también copiada por los monjes cristianos, pero se conservó en Tebas, luego en Minia y pasó a mi familia, que la custodió hasta hoy.

— ¿Se guardaba en el templo de Karnak o en el de Luxor?

— En Karnak; en Luxor se guardaba la Piedra.

Puse cara de que no comprendía.

— Sí, habrás visto que las piezas son cuadradas. Pero eso es en plano. En realidad es un cubo. Ese cubo es el trono de los faraones y también es la Kaaba.

Mi cara seguía mostrando extrañeza.

— Ese cubo es el trono, o sea Isis. Sabes que los egipcios la llamaban Iset y que *et* es solo el determinativo femenino. *Is* significa el trono o, más exactamente «da trono», ya que es una palabra en femenino. Y el trono es el lugar donde se asienta la divinidad. Es la creación ordenada de la materia en su forma geométrica más simple y el 81 es una clave, al igual que los 729 cubos que forman el trono. Precisamente a Thot se le llamaba el señor del ángulo recto. Has visto las ochenta y una tablillas del Oráculo, las diez piezas de los números y las otras ocho con los símbolos que son la Ogdoada con la que Thot inicia la creación. Son en total noventa y nueve, los noventa y nueve nombres de Alá. Luego están las veinticuatro fuerzas, doce positivas y doce negativas necesarias para la creación en acción. Son las doce tablillas que has visto antes con una imagen en cada cara. Ahora, si sumas 99 + 12 dan 111, la Unidad Trina. Si sumas

99 + 24 te da 123, o sea, 1, 2, 3, la misma Trinidad expresada en la acción.

Iba copiando a mano literalmente todo lo que escuchaba, pero a la vez me costaba asimilar tanta información y sobre todo cada vez estaba más sorprendido de que un anciano que vendía recuerdos a los turistas en la calle pudiera saber tantas cosas.

— ¿Y la Tabla?

— No, la Tabla aún no puede ser divulgada, no haríamos más que ofrecer vacías posibilidades para la especulación mental. Primero demos este paso.

Él estaba relajado, bebía té, fumaba una *sisha* y de vez en cuando se reía sin que yo supiese de qué.

— El Oráculo es un sabio. Cuando lo leas tranquilamente te darás cuenta de lo que te digo. Él te lleva siempre a Maat, a lo correcto, a lo justo. El Oráculo te corrige. Cuando la balanza de Maat está desequilibrada, el Oráculo te ayuda a ponerte en equilibrio, en armonía. Cuando alguien no sabe qué hacer es porque no tiene la visión clara, si no tiene la visión clara es que está confuso, y si está confuso es que no tiene paz en el corazón y está, por tanto, en guerra consigo mismo o con los demás, o con ambos. Recuerda que se dice que esas son las palabras del mismísimo Thot cuando estuvo en la tierra enseñando.

En la antigüedad consultar un oráculo era algo sagrado. Destacaron en el tiempo el famoso Oráculo de Delfos o el mencionado Oráculo de Amón. Su consulta resultaba tomar contacto con lo trascendente, con aquello que está más allá de la realidad aparente y lejos del ámbito propio de la comprensión mental. Era un acto sagrado.

Por ello, el que solicitaba la consulta debía, al menos, mostrarse digno de recibirla. Lo habitual era practicar un semiayuno y abstinencia durante algunos días previos, asistir en condiciones de limpieza —los egipcios se depilaban todo el cuerpo—, presentar las preceptivas ofrendas como señal de agradecimiento y prepararse interiormente para recibir y comprender la respuesta recibida, entendiendo que esta provenía de la divinidad.

Antes había que reflexionar sobre la pregunta, con el fin de que esta fuera lo más precisa posible. Los peregrinos que, seleccionados por los sacerdotes, eran admitidos al Oráculo, comúnmente pasaban varios días en el exterior del templo antes de ser recibidos. Previamente purificados y una vez que cruzaban el umbral, la solemnidad y la sencillez eran la característica principal en la que se desenvolvía la consulta. Hoy día puede mover a la sonrisa este proceso que, no lo olvidemos, fue común a muchas culturas y se practicó durante siglos pero, para entenderlo en su justa medida, es imprescindible comprender que la consulta de un oráculo estaba enmarcada en el contexto de lo religioso, por lo que, en sí mismo, resultaba una experiencia trascendente.

Previamente a la consulta es necesario haber reflexionado sobre la pregunta al menos durante un par de días antes para averiguar si es una pregunta correcta y justa en el sentido de que carece de banalidad y curiosidad, y se procurará que sea lo más precisa posible. Una vez dispuestas a mano las piezas y en un lugar tranquilo que garantice la soledad y la no interrupción de la consulta, se procederá a ella formulando la cuestión en voz baja tres veces; voz baja quiere decir que uno debe oírse a sí mismo. Antes es conveniente haber prendido en el lugar incienso, mirra o loto, no otros aromas, y antes, no durante la consulta. También antes de empezar ha de encenderse un fuego, una vela blanca sin aroma es idónea. Hoy día, las condiciones de limpieza e higiene se dan por entendidas, pero ellos hacían antes un pequeño lavado de pies, manos, cara y boca, y acudían a la consulta descalzos, lo cual es reminiscencia de cómo en su momento se entraba así en los templos. Cada persona puede elegir si hacer esto o no. Personalmente lo considero aconsejable, así como las abluciones, los pies descalzos, la ropa cómoda no ajustada, la ausencia de luz eléctrica y el imprescindible silencio; nunca debe ponerse música.

Antiguamente el Oráculo se escuchaba en una posición que hemos visto muchas veces en la iconografía egipcia. De rodillas, sentados sobre los talones y las palmas apoyadas sobre los muslos. En esa misma posición se hacían las ofrendas, que se llevaban una en cada mano y un sacerdote recogía. Esas eran las ofrendas rituales, que consistían en dos pequeñas vasijas de forma redondeada, con aceite perfumado en una y granos de trigo en la otra.

Una es la ofrenda «al mundo», y la otra, a los *neteru*. Las otras ofrendas no simbólicas, animales, viandas, etc., se ofrecían al llegar al templo y se entregaban fuera.

Estos cuencos con aceite y pan son opcionales, así como el uso de la campanilla. En la forma tradicional, después de la recitación de la pregunta tres veces, se tocaba una pequeña campanilla tres veces también. He dicho recitación, porque cuando asistí a una consulta del Maestro del Oráculo, este repitió tres veces la pregunta del consultante entonándola como una salmodia y después tocó la campanilla tres veces.

Me contaron que cierto reducido número de personas, tanto cristianos como musulmanes, sabían de la existencia del Oráculo y pedían su consulta, para la que les solía dar cita dos o tres semanas después. El consultante debía llegar con antelación y llevaba unos regalos de acuerdo a su condición económica y, por lo que supe, habitualmente humildes. Hecho esto, en el patio de la casa procedía a las abluciones y luego se quedaba a solas en una habitación durante una o dos horas. El Oráculo parece ser que se debía consultar al amanecer si la pregunta pertenecía «al mundo», y al anochecer si pertenecía «al otro lado», como parece que era lo más frecuente. Algún joven de la familia o amigo del consultante, a indicación del Maestro iba a buscarlo y lo llevaba a donde este lo esperaba, que solía ser el pequeño salón de la casa. El consultante entraba descalzo con el pie derecho y de una mesita que estaba al lado de la puerta cogía en cada mano dos pequeños platitos, uno con aceite y el otro con migas de pan, y avanzaba con ellos hasta donde estaba el Maestro, unos pasos más adelante, y adoptaba la posición de rodillas sentado sobre los talones. A su vez, el Maestro estaba sentado sobre un cojín y detrás de una mesa baja y pequeña donde estaba el Oráculo. La habitación olía a incienso.

En esa postura, el consultante cerraba los ojos. Entonces el Maestro encendía la vela, cogía los platitos de las manos del consultante y le decía que formulara la pregunta tres veces; él repetía la pregunta otras tantas veces como si cantara, tocaba la campanilla también tres veces y procedía a colocar sobre el tapete las 81 tablillas; después pedía a la persona que extendiera las manos y le daba las otras tablillas numeradas. El consultante elegía primero una y después otra. Entonces el Maestro sumaba las dos cifras, buscaba la tablilla correspondiente y, sin artificio, pero de un modo que me resultó impactante, leía la respuesta.

El consultante se ponía de pie, daba las gracias con una pequeña inclinación dirigida al Maestro y salía en silencio. A esta breve y sencilla, pero intensa ceremonia pude asistir dos veces junto al ayudante del Maestro, un nieto, y acompañado del mismo y también de Tarek en la otra. En ambos casos, desde nuestra posición al lado de la puerta era imposible oír la pregunta al estar formulada y repetida en voz muy baja, pero en cambio sí escuché la respuesta que no entendí al ser en árabe.

Posiblemente el pequeño ceremonial con que se acompaña esté ahí para crear una atmósfera apropiada de respeto mutuo entre consultante y consultor, un escenario apropiado en el que se manifieste lo sagrado. Sin embargo, he de decir que las 81 respuestas me han servido también de fuente de inspiración y reflexión, pues si las leen detenidamente encontrarán en ellas una gran sabiduría independientemente de la respuesta que puedan ofrecer en una consulta determinada. En ambos casos es un instrumento que ha cruzado el tiempo hasta llegar a nosotros en estos momentos extraños. Según el Maestro del Oráculo, este es el tiempo en el que debe ser de nuevo conocido.

Por mi parte, sea bienvenido, y ojalá pueda serles de utilidad y servirles de conexión con esa naturaleza eterna y sagrada que cada uno de nosotros somos.

Las 81 sentencias de El Oráculo de Thot

Espera. El tiempo está trabajando. Deja que se opere el cambio que ya empezó y que lentamente sigue su curso.

No sacrifiques nada más. Tu parte ya la diste. Si te exigen más, acuérdate de que los voraces son como los chacales, que no se conforman solo con un pedazo de la pieza.

¿A qué esperas para actuar? No hay decisión perfecta. Busca lo correcto en tu corazón. Aquello con lo que al final quedes en paz contigo mismo.

Las cosas no son como tú quieres que sean, ni la vida puede manifestarse según tus deseos o caprichos. Cuando la sequía llega, la tierra se seca, y cuando tiene que abrasar el sol, lo hace independientemente de ti. Si no comprendes esto, prepárate a ser víctima de tu propia ignorancia. El mundo no se hizo solo para ti.

La culpa es una rata que roe el alma. En cambio, el arrepentimiento es la antesala del perdón, y el perdón, la puerta por la que vuelve a visitarnos la luz, que nos deja limpios de nuevo y nos ofrece la oportunidad de corregir. Ya todo pasó. Ponte en paz.

¿Quién eres tú para pedir que tu prójimo sea como tú deseas que sea? ¿Por qué deseas cambiarlo? No lo hagas. Tú solo tienes la potestad de cambiarte a ti mismo.

Solo la responsabilidad otorga el don de la libertad. Ejércela noblemente, con medida y justicia.

Avanzar significa asumir riesgos. Si todo te da miedo es que aún no has comprendido el don de la vida. Es tu elección esconderte en el refugio de lo seguro, pero recuerda que es imperdonable impedir el paso a los demás.

Si tienes necesariamente que pelear es que ya has sufrido la primera derrota. Si necesitas vencer es que ya has sufrido la segunda derrota. Si necesitas humillar a tu enemigo, esta tercera derrota será ya para ti definitiva.

Todo poder emana del amor. Y toda autoridad emana de la justicia. Si has ejercido tu poder desde el amor, queda en paz. Si has ejercido tu autoridad desde la justicia, queda en paz. Pero si no ha sido así, regresa a hacer lo correcto.

Sé sincero sobre todas las cosas. El engaño nace del miedo o del egoísmo, luego transita por la confusión y la desconfianza y al final termina en dolor. Demasiado peso para el alma.

¡Que los dioses te bendigan! Has hecho lo justo. Un tierno brote se abre paso por la dura corteza del árbol para nacer. Luego la flor dará su perfume y el fruto será dulce.

¡Todo te está hablando a gritos y te niegas a oír la respuesta! ¿Qué es lo más lógico? ¿Qué es lo más evidente? ¿Por qué ver fantasmas donde no los hay? Tus fantasmas son el obstáculo ¿Por qué no abres los ojos?

Basta de lamentos. Ese tiempo pasó ya y ahora es solo una excusa para no pasar a la acción y justificar la falta de iniciativa. Deja atrás todo eso y afronta con coraje el nuevo camino que se abre a tus pies.

Continúa adelante. Ya quedan pocos obstáculos. La meta ya está a tu alcance. Un último esfuerzo y podrás disfrutar de la victoria. Sé generoso.

Nadie está a salvo del miedo. El miedo es muy útil. Enseña muchas cosas. Por eso, lo sabio es ponerlo a tu servicio, porque, si te esclaviza, al final te matará.

Ser generoso es
haber encontrado
un camino hacia lo alto.
Tú lo eres. Bendícete por
ello. Miras de frente con
una sonrisa en la boca.
Jamás te arrepientas de tu
generosidad que es la llave
de la abundancia.

Estáte atento cuando la vida te esté pidiendo servir. Es la hora de ayudar a quien lo necesita sin esperar nada a cambio. Recuerda cuántas veces has pedido ayuda a los dioses, ¿qué te pidieron ellos a cambio?

La vanidad es
un veneno muy
peligroso. Al principio
te convierte en estúpido;
luego, en egoísta, y al final,
en un monstruo.Mírate
al espejo con dulzura y
verás si estás a tiempo de
rectificar.

La cólera es un obstáculo, pero la cólera dirigida a fines ruines o controlada por bajas pasiones es, además, un arma asesina ¿De dónde nace tu cólera?

¿Qué más necesitas que
no tengas ya? ¿Cuándo
vas a comprender que todo
lo superfluo es una carga
pesada? ¿Por qué no
disfrutas de lo que tienes?
Si no lo haces, eres un
loco.

Los problemas no son fantasmas que surgen de la nada. Tal vez tú mismo seas el problema ¿Cómo vas a resolver nada si antes no averiguas esto?

Las cosas
pequeñas son
más importantes que las
grandes. Un sicomoro nace
de una pequeña semilla.
Las pequeñas cosas de
la vida son las que en
realidad merecen la pena.
Y tú las has olvidado
sustituyéndolas por
preocupaciones.

Es muy fácil: lo que
siembras, recoges;
lo que alimentas, crece; lo
que olvidas, se marchita;
lo que dañas, sufre; lo que
destruyes, muere.

El amor es regocijo, alimento, bienestar, sosiego, placer, dulzura. No es violencia, competencia, peso, tensión, amargura, dolor. Es fácil distinguir. Es fácil elegir.

No permitas que tus palabras sean más grandes que tus obras. Así no te avergonzarás de tus promesas incumplidas. Pide disculpas. Haz y no hables.

Siempre hay esperanza. Hay cosas que dependen de ti y otras que no dependen de ti. Pero no olvides que la esperanza es una espera activa, alerta y beneficiosa.

¿Por qué juzgas? ¿Es que acaso crees saberlo todo? ¿Es que acaso te crees capaz de ser completamente imparcial y ecuánime? ¿Es que te crees capaz de emitir una opinión que ni castiga, ni premia, ni censura, ni aplaude? ¿Te crees capaz? Basta ya.

Simplemente te estás mintiendo a ti mismo. Retírate a reflexionar. A ponerte en paz. Acepta lo que eres y lo que no eres. Y te liberarás. Recuerda que la verdad es siempre dulce.

¿Es esta la ocasión? ¿Habrá más? Si la aprovechas, lo sabrás. Si no, siempre te quedará la duda ¿Qué te dice el corazón?

No es cobarde el que huye, sino el que no hace nada por temor. Y el peor de los temores, el más cobarde de todos, es el miedo a perder.

No es valiente el que se lanza a la acción sin conocer los riesgos, ese es un estúpido. Es valiente el que actúa conociendo los riesgos y sabe que puede superarlos.

Atención, mucha
atención. Es un
momento delicado. Un
momento sagrado. Estáte
atento a todo, alerta a
cualquier señal, al más
mínimo susurro del
corazón. Y no temas, estás
protegido. Toma refugio
en la inocencia.

No te fíes de los mezquinos; si pueden, te engañarán. No te fíes de los que te hablan mal de otros a sus espaldas; cuando te des la vuelta, hablarán mal de ti. No te fíes de los que mienten, porque a ti también te mentirán. No te fíes de los traidores, porque acabarán traicionándote ¿A qué esperas para alejarte de personas así?

No te reproches nada. Aquello fue fruto de la ignorancia. Pero repetirlo sería cometer un error. De este modo puedes convertir la experiencia en aprendizaje. Esa es la base de la sabiduría.

No permitas que parezca injusto lo que es correcto. No dejes que se revistan de gravedad situaciones que no la tienen. No toleres que sucedan a tu alrededor acciones que esconden oscuras intenciones. Está en tu mano impedirlo y debes hacerlo.

No actúes a la ligera. Concédete tiempo para pensar y elabora una estrategia. Sé inteligente y silencioso. Traza un plan preciso y síguelo adaptándote al viento. Sé discreto y prudente, y no confundas la sutileza con la astucia. Lo demás déjalo en manos de lo alto.

A veces la voluntad no es solo necesaria, sino que es imprescindible. Este es el caso. Pero no uses la voluntad contra ti mismo porque te hará daño convertida en represión y frustración. Usa solo la voluntad cuando esté asentada en el propósito. Entonces producirá frutos. Y dale tiempo, no te rindas a la primera.

¡Cuánta codicia! ¿Para qué quieres más? Nunca serás feliz si no conoces el punto de lo suficiente.

Es hora de tomar la iniciativa. No siempre se puede estar a la espera. Tal vez pase tu oportunidad. Oportunidad que ahora tienes a tu alcance. Si el miedo a la decisión te ata es que no comprendes siquiera por qué la vida te dio dos manos y no una.

Toma lo tuyo y márchate. No esperes más. Límpiate el polvo de las sandalias y ni siquiera mires hacia atrás. No merece la pena.

Eres tú el que debe decidir quién entra a formar parte de tu vida y de qué modo. Eres tú quien debe poner los límites. Si no lo haces, ¿de qué te quejas?

Un amigo
verdadero
es un tesoro de valor
incalculable. Perder algo
así es una estupidez
imperdonable y un castigo
para el corazón.

Si vives en la fantasía, ¿cómo esperas un amor verdadero? Así solo hallarás amores falsos que en contacto con la realidad se vuelven amargos.

La vida es experiencia. Es mejor no hablar de aquello que no has vivido. Y menos para dar consejos a otros. Procura ocultar tu ignorancia. No hables tanto.

Siempre hay que escoger. Es necesario que decidas sabiendo que toda elección significa una renuncia. Pero es mucho más importante que elijas ya. Haz lo justo.

Si tu voluntad está anclada en el convencimiento de que estás haciendo lo correcto, continúa adelante. Nada te parará. Pero si no estás haciendo lo correcto, ¿para qué sirve esa voluntad?, ¿para estar seguro de acabar en lo más profundo del abismo? Es mejor que antes averigües si estás haciendo lo correcto.

Si es verdad que amas, ¿por qué te cuesta pedir perdón? Alguien que no es capaz de pedir perdón es que no merece recibirlo. Si es verdad que amas, ¿por qué esperas a demostrarlo?

Tú eres capaz de ello y de mucho más. ¿Qué te impide dar el paso? Recuerda que siempre hay un factor de riesgo y que justo ahí reside la llave del juego de la vida.

Si amas, díselo. Eso es todo. Y si no es suficiente, díselo de nuevo. También una tercera vez. Luego todo andará por sí mismo. El verdadero amor da frutos.

Tu cuerpo es un tesoro sagrado. No lo dilapides, no lo profanes, no lo castigues. Si ni siquiera puedes ser responsable de su cuidado, ¿cómo vas a ser responsable de nada más?

Te llega el dolor y sabes que es inevitable. Asúmelo. Pero recuerda que sí puedes elegir cómo lo sufres y en qué medida. No confundas dolor con sufrimiento.

Eso que guardas dentro puede estar haciéndote más daño del que supones, ¿por qué no sacas fuera ese veneno? Pero no envenenes con él a nadie.

¿Has ido ya a dar las gracias por lo que tienes antes de pedir nada más? ¿Sabes conservarlo, administrarlo, disfrutarlo, compartirlo?

El miedo te ha atrapado igual que una serpiente paraliza a su presa. Y recuerda que es mucho peor enemigo el miedo que la bestia. Nadie puede ayudarte. Has de hacerlo solo. Y no tienes mucho tiempo.

Disfrutas del placer. Del ocio y la inactividad. Dejas pasar la vida alegremente sin asumir ninguna responsabilidad ni realizar ningún trabajo. Ponte en acción antes de que la vida corrija tamaña injusticia.

Hay mucho egoísmo en tu actitud, ¿no te has dado cuenta? Así no es posible construir nada estable. Tu egoísmo destruye primero a los demás, luego te destruirá a ti.

Tienes cerca el fruto de tus esfuerzos, el fruto de tu generosidad, el fruto de tu paciencia. Tómalo y haz lo correcto.

La fantasía es hermosa para los niños, pero para ti es más peligrosa que el escorpión. Estás atrapado en ella y eres incapaz de ver la realidad. Sal de ese sueño seductor y enfréntate a lo que es y a lo que eres.

El rencor te está royendo y enfermarás antes o después. Si no puedes olvidar, deja todo y márchate al desierto antes de continuar envenenando tu entorno. Si a ello sumas la envidia, tu alma estará muerta. Necesitas hacer algo pronto.

¡Qué gran alegría te espera! La has merecido. Si estás despierto, la dicha será más plena y duradera aún. Y disfruta hoy, mañana puedes estar muerto. Tú ya sabes que la fuente de la felicidad mana de ti mismo.

No debes dejar que las cosas se pudran. No pretendas que las cosas se solucionen por sí mismas. No esperes que siempre haya alguien que lo haga, pues al final ni tendrás nada, ni sabrás afrontar nada.

Eres demasiado
rígido, demasiado
duro. Así, o golpeas o te
golpean. No te quejes si
es eso lo que has elegido.
Si fueras capaz de ver
en los corazones de los
más grandes, sabrías que
siempre son tiernos e
inocentes.

Si es tuya la responsabilidad, no la eludas. Pero si no es tuya, no cargues con un peso que no te pertenece, ¿es tuya o no lo es?

El halcón vuela alto; el león es fuerte; el escorpión, ponzoñoso; el asno, dócil, y el cocodrilo ataca de improviso. Cada uno tiene su naturaleza. ¿Puedes lograr que el león sea manso o que el escorpión surque el cielo? Si pretendes torcer la naturaleza de las cosas, te equivocas.

La ira es el signo del fracaso. La cólera es la marca de los necios. La violencia es el recurso de los débiles. Si eres así, mejor es para ti marcharte solo al desierto y no regresar hasta haberte templado y ser digno de compartir la vida.

¿Dónde está tu coraje? ¿En qué lugar dejaste tu capacidad de lucha? En vez de lamentarte, afronta la situación y aspira a superarla. Si no lo haces, después te maldecirás por lo que no hiciste. Ante la duda, privilegia la acción.

Hasta ahora te han valido esos recursos de los que gozas: belleza, inteligencia, don de gentes. Pero ahora no es suficiente, si no eres honesto y sincero, todo lo demás es solo un disfraz tras el que escondes tu falsedad. Ama y sé amado. Así es de simple.

Una gran dicha
será el resultado
que esperas. No dudes en
tu decisión. No dudes de
tu capacidad. No dudes
de los que te rodean.
No dudes de ti mismo.
Adelante. Actúa. Ya. Y
libérate del resultado.

Sé generoso. Sé magnánimo. El que más tiene, más ha de dar. El que más fuerte sea, más carga ha de llevar. El de carácter más forjado, más ha de tolerar. El más sabio, más ha de comprender.

Sencillamente, buscas la felicidad donde no se halla y por eso nunca la encuentras. La felicidad no está ligada a la satisfacción de los deseos, eso es el placer que cuanto más se busca más se aleja. La felicidad viene de dentro, no de fuera y es un estado interior que es fruto del amor que des y recibas y que es fruto de la paz que tengas contigo mismo. Si no lo entiendes, sigue con el llanto.

Lo tienes todo. Entiéndelo bien, lo tienes todo. Todo lo que necesitas. En cambio suspiras por lo superfluo, por lo accesorio, por lo que pesa y encadena, ¡qué injusto! Mereces perderlo todo, suplica para que los dioses te bendigan arrebatándote lo que demuestras no merecer.

Hay falsas necesidades que crean nuevas y falsas necesidades. Hay deseos que cuando se satisfacen generan nuevos y más poderosos deseos. Esto lo sabes, ¿no? ¿O no lo sabes aún? Es hora de aprenderlo entonces.

Te faltan únicamente las herramientas para llevar a cabo tus propósitos. Todo lo demás lo tienes ya, así que hazte con ellas. No esperes que caminen solas hacia ti.

Ya pasó lo peor. La tormenta de arena está ya lejos y el balance de los destrozos no es demasiado elevado. Te toca empezar de nuevo, pero ahora eres mucho más fuerte y altas metas te esperan. Adelante.

La envidia es un
veneno que daña
el alma de uno mismo. El
egoísmo es ponzoña que
asesina a uno mismo y
a los demás. Ambas son
enfermedades del espíritu.
Ruega por tu curación
y pon los medios para
sanarte; en caso contrario,
estás perdido.

Si no te aman,
estarás seco. Si no
amas, quedarás maldito.
Comparte lo que tienes
y abre las ventanas del
corazón sin reclamar
ofrendas que aplaquen
tus miedos y tu cólera. El
amor es vida y la vida es
riesgo. ¿A qué temes? ¿A
vivir? No seas ciego.

No hay mayor
tesoro que la
libertad. Por ella suspiran
reyes y sacerdotes, ricos y
sabios. Hay ya demasiadas
cadenas para que tú mismo
te pongas encima más
y las más pesadas nacen
de tu mente. No es ese el
camino.

Da gracias a los dioses por tus venturas antes de rogarles su protección. Si te han dado más de lo que mereces, deberás averiguar con qué fin te lo concedieron.

Es mejor estar muerto que ser hipócrita. Los que hacen buenas acciones con fines perversos, los que mienten diciendo verdad, los que entregan dones y ofrendas podridas por dentro, son peores que el veneno, más dañinos que la peste, los más malditos entre los malditos. ¡Huye de eso! ¡Huye de eso !

Y tu ternura, ¿dónde está? ¿Desde cuándo no eres tierno contigo, benevolente, comprensivo, amable? ¿Por qué te castigas? ¿Por qué te maltratas y dañas? No tienes ningún derecho a hacerlo ¿Dónde está el amor y el cuidado que le debes a tu corazón?

Epílogo

THOT, el señor del ángulo recto

Dado que esta pequeña obra y su contenido están vinculados al señor Thot, vamos a hacer un breve repaso a lo que nos dice de él la tradición faraónica y vamos a mostrar, aunque sea de modo sucinto, algunos aspectos de la llamada filosofía hermética o hermetismo, denominado así por la vinculación que los griegos hicieron de su dios Hermes con Thot.

Como hemos dicho, Thot es el nombre que los griegos dieron al dios egipcio Djehuty, sin duda uno de los más importantes de su panteón, aunque bien sabemos que el término dios no es el más apropiado para estos *neteru*, pues este era el nombre que les daban los egipcios y que viene a significar algo así como leyes, principios o inteligencias. Thot era representado por un hombre con cabeza de ibis, por un ibis o por un babuino. Es una deidad muy antigua que forma parte principal de algunos mitos de la creación en la que va acompañado de la *Ogdoada*, una formación compuesta por cuatro seres machos con cabeza de rana y otros cuatro hembras con cabeza de serpiente, llamados «los padres y madres de la luz». Suele vérsele representado con el cálamo y la tablilla de los escribas como, por ejemplo, en las escenas correspondientes a la pesada de las almas en el juicio de los muertos de Osiris, en donde tomaba nota del resultado que arrojaba la balanza. Era el creador de la sagrada escritura jeroglífica y señor de las «casas de la vida», lugar de enseñanza de los escribas, de los que era su patrón.

Era la representación en el mundo tanto de la sabiduría como de la inteligencia y, por decirlo de algún modo, era la mente de Ra y, sobre todo, de la inteligencia creadora. Por ello se asociaba a todas las artes y ciencias principales, como la arquitectura, la música, la matemática o la astronomía, pero también con la escritura y la palabra. Una de las representaciones presente en su jeroglífico era la de un ibis encima de una escuadra, y por ello uno de sus nombres era el de «el maestro del ángulo recto», por lo que está fuertemente asociado al diseño y a la arquitectura sagrada.

Otro de sus atributos era la de la medida del tiempo y por ello tenía un marcado carácter lunar. Por la misma razón, era el señor del tiempo y suyos eran el pasado, el presente y el futuro. En una de las leyendas más conocidas se cuenta que Shu, hijo de Ra, había separado durante todo el año a sus hijos Geb y Nut, la tierra y el cielo, con el fin de que no mantuvieran relaciones sexuales, pero en una partida de *senat* Thot le ganó a Shu cinco días adicionales, los llamados «días epagómenos», y que complementaban el calendario, compuesto por doce meses de treinta días. En esos cinco días es cuando el dios de la tierra, Geb, y la diosa del cielo, Nut, tienen contacto íntimo, y así se produjo el nacimiento de Osiris, Isis, Set, Neftis y Horus «el viejo». No es esta la única vez que Thot participa en alguno de los relatos míticos más importantes. Sirva de ejemplo su mediación en la pelea entre Horus (el hijo de Osiris) y Set, donde hace de juez al decretar que Horus es el heredero legítimo de Osiris, y también de mago, pues con su saliva pega en la cuenca vacía el ojo que Horus había perdido en la disputa y luego lo sana con su palabra. También ayuda a Isis en la búsqueda de los restos de su esposo.

El primer mes del año llevaba el nombre de Thot y pertenecía a la estación *adjet* o la de la inundación. Esta deidad no solo tenía el conocimiento de todas las artes y ciencias entendidas al modo clásico, si no que también era el señor de la magia, del conocimiento oculto. Esta vinculación al saber esotérico fue acogida por los griegos que, al asimilarlo con Hermes, recibió el nombre de hermético. Ya los egipcios lo denominaban *semsu* (el grande), de donde también se deriva el apelativo griego de *trimegisto* (tres veces grande).

Su ciudad, en la que tenía un templo, era Hermópolis, o en egipcio, Kemenu o «el lugar del ocho». Hoy todavía pueden visitarse los subterráneos donde se encuentra la necrópolis de las momias de ibis y babuinos en Tuna el Gebel.

De su templo, que debió ser magnífico, no se conserva prácticamente nada, aunque los visitantes pueden ver en el museo al aire libre dos imponentes estatuas de babuinos.

Su nombre significa «el que mide» y él había creado las leyes naturales por las que se rige el mundo y los cielos.

Todo lo creado estaba sometido a su vez a Maat, deidad y concepto egipcio que representa la justicia, el equilibrio y la verdad. Por último, recordar que también era el señor del «verbo» y la palabra, y de todos sus secretos.

HERMES-THOT

Con seguridad Thot fue el dios egipcio que de un modo más persistente pervivió y participó en la formación de la cultura occidental al ser asimilado por los griegos con Hermes, divinidad que, como hemos dicho, a su vez da nombre y forma a lo que conocemos como filosofía hermética.

Sin embargo, es necesario precisar que los poderosos rasgos distintivos propios del Thot egipcio difieren a veces de modo sustancial del Hermes griego, sobre todo cuando esta divinidad olímpica con el paso del tiempo fue perdiendo sus caracteres principales hasta convertirse en el más doméstico dios efébico de la época jónica. Asimismo el concepto mismo de dios es muy diferente en la concepción griega que en la egipcia, de hecho, como ya expusimos, los egipcios los definían como *neteru* y poseían un carácter mucho más filosófico y trascendente.

Esta filosofía hermética ha llegado hasta nosotros a través de los libros también llamados herméticos, cuyos textos principales son el *Asclepios*, de origen latino, y el *Corpus Hermeticum*, que a su vez incluye el famoso *Poimandres*. Es de la filosofía hermética de donde viene transmitida la tradición de La Tabla de Esmeralda, y esta tradición penetra en todo el gnosticismo cristiano y, posteriormente, en las escuelas esotéricas occidentales.

Estos escritos aparecen como colección en el Renacimiento, siendo su origen griego y su datación más probable podemos situarla en torno al siglo IV. Sus contenidos poseen una fuerte impronta gnóstica y muestran sus enseñanzas en forma de diálogos, en los que es el propio Hermes Trimegisto quien ilustra a sus discípulos. La *gnosis* —literalmente conocimiento— es posiblemente una de las filosofías que más se ha permeabilizado en distintas creencias y es con seguridad la que más dolores de cabeza ha producido a las distintas religiones consolidadas, y por ello no es difícil encontrar su rastro en distintas sectas y herejías, principalmente en el cristianismo y en el islam. Prueba de la vinculación entre el gnosticismo cristiano y el hermetismo fue el descubrimiento, en 1945, en las cercanías de una aldea egipcia del alto Egipto, de la ya famosa biblioteca de Nag Hammadi. Unos camelleros del lugar se toparon con una vasija enterrada repleta de textos de los primeros siglos cristianos. Después de muchas vicisitudes, actualmente se conservan trece códices con textos apócrifos cristianos, entre ellos el famoso Evangelio de Tomás, junto a textos claramente de filosofía gnóstica y escritos herméticos, pues esos códices contienen el *Asclepios*, *El tratado del ocho y del nueve*, de Hermes Trimegisto, y el breve pero hermoso texto hermético de *La oración de acción de gracias*.

Hoy se contempla como casi segura la teoría de que estos escritos fueran escondidos por monjes cristianos de la zona, a raíz de que recibieran, en el año 367 de nuestra era, la famosa Carta Festal número 39 del obispo de Alejandría, Atanasio, en la que indicaba el canon con los textos ortodoxos y revelados por Dios, dejando en evidencia cuáles no lo eran y, por tanto, significaban herejía. Como se sabe, aquella carta fue el germen del que nacieron los que posteriormente fueron seleccionados como textos revelados que quedaron limpios tanto de escritos gnósticos como de evangelios comprometedores.

No debemos olvidar que para los gnósticos, el dios bíblico Yavhé no era más que un tribal dios menor propio de los judíos, que poco tenía que ver con el Dios Padre a que aludía Jesús el Cristo. Además, para los gnósticos, la fe era solo un paso previo al conocimiento que da acceso a la verdad única. Diríamos que significaba un estado provisional, aunque necesario, pero desde luego siempre acompañado con la experiencia religiosa. Este es otro punto básico dentro de los movimientos gnósticos: la religión es ante todo experiencia, una experiencia directa de Dios al cual se vive y para ello no se necesita ningún intermediario, aunque era recomendable tener una guía, de hecho, tenía gran importancia —al igual que en las religiones de Oriente o en el sufismo— la figura del maestro espiritual, concepto que el cristianismo oficial desechó prácticamente desde sus inicios y que combatió con tanta fuerza que, incluso hoy, hasta para las mentes occidentales más abiertas tal figura no es fácilmente admitida.

Volviendo al hermetismo, dentro de la filosofía hermética y sus saberes destacó con luz propia la alquimia como la «ciencia de las ciencias», pues tanto la astrología, la magia y la «ciencia de los sonidos y las palabras», después llamada cábala, formaron parte del cuerpo de conocimiento imprescindible para iniciarse en la práctica de la alquimia, y podríamos decir que eran una suerte de «asignaturas» de esta, aunque se desarrollaran posteriormente como disciplinas independientes. Casi con seguridad estas «ciencias» tuvieron un origen en la sabiduría de los sacerdotes egipcios. Es evidente que un alquimista debía estudiar la astrología, imprescindible para conocer los momentos de las operaciones, la magia o la forma de «atar» y utilizar las energías «celestes», y la cábala o el arte de llegar a la «semilla» de las cosas conociendo la geometría de la creación y el secreto de la «palabra viva». En estas tres «artes herméticas» podemos ver reflejado al dios Thot: en la astrología bajo su título de «Señor del Tiempo»; en la magia, por su denominación de «El Mago», y en la cábala, por su condición de «Señor de la Palabra». Naturalmente, en el hermetismo se afirma que las llaves del conocimiento de estas artes estaban en La Tabla de Esmeralda o Tabla de Hermes. No ha de extrañar al lector la presencia de la cábala entre los saberes herméticos, ya que en todo el diverso entramado de culturas que significó la Alejandría en la que se fraguó el hermetismo, la cultura judía tuvo una fuerte presencia, pues no se debe olvidar que en la época de Jesús había más judíos en Alejandría que en la propia Palestina y que, por entonces, el hebreo era un idioma práticamente perdido. Obviamente, aquella cábala hermética o ciencia de los sonidos, poco tenía que ver con la que conocemos hoy nacida en la España medieval y que sitúa el alfabeto hebreo como referencia básica, mientras que en su origen se utilizaba el antiguo egipcio. Igualmente podemos decir lo mismo de la cábala que usa el árabe, pues del mismo modo que «la ciencia de los sonidos y las palabras» tomó forma en el mundo judío, también la tomó en el árabe, aunque hoy prácticamente está olvidada.

Tal como popularmente ha llegado hasta nosotros, la alquimia es el arte de la transmutación y sirvió como ejemplo y referencia la conocida búsqueda medieval de la «transmutación del plomo en oro». Desde esta perspectiva la iconografía clásica ha representado a los alquimistas rodeados de retortas, matraces y hornos, en lo que podrían ser unos esforzados antecesores de los químicos; nada más falso o, mejor dicho, incompleto, pues esta alquimia, digamos «químico-metalúrgica», no era más que una de sus formas de transmutación. Pero antes de proseguir, debemos resaltar la importancia del término transmutación utilizado preferentemente sobre el de transformación, ya que efectivamente los procesos alquímicos son «naturales»; es decir, un estado es consecuencia del anterior, y así sucesivamente, de tal modo que un estado, por muy superior que sea, conserva siempre rastro y memoria de donde procede. Del mismo modo, y esta es una de las claves de la alquimia, todo estado inferior, por muy bajo que sea, tiene en su interior la «semilla» del estado superior al que está destinado por evolución.

Con esta «semilla» es con la que trabajaban los alquimistas. Esta es la diferencia con el término transformación, que es el cambio de una naturaleza a otra distinta.

Como hemos dicho Hermes-Thot era el patrón de los alquimistas y, según nos ha legado la tradición, el fruto de sus esfuerzos y desvelos era la consecución de la llamada «piedra filosofal», aunque asimismo los alquimistas se referían al famoso «polvo de proyección» y el «elixir de larga vida». Según las leyendas, La Tabla de Esmeralda guardaba las claves de la transmutación y mostraba las formas diferentes de alquimia y cuyos secretos podemos inferir que estaban en manos de los sacerdotes egipcios.

En la Edad Media, y como medida de prudencia, los viejos alquimistas mezclaron en sus textos y en sus símbolos elementos y referencias pertenecientes a los tres tipos de operaciones y escondieron los tres frutos de su obra, es decir, el polvo de proyección, el elixir y la piedra viva, bajo el nombre genérico de «piedra filosofal», para enfatizar que su trabajo era sobre todo de índole filosófico y místico, y no una mera labor manual.

De la fuente de todos estos saberes hoy prácticamente perdidos o instalados más cerca del mito y la leyenda que de un conocimiento operativo y real, bebieron la astronomía, la química, la farmacia, los constructores de catedrales…, pero ¿era la intención principal de los alquimistas el lograr «piedras vivas» para levantar catedrales —o sea, templos vivos— o fabricar «polvo de proyección» para lograr oro? La respuesta es no.

El verdadero y principal objetivo de los alquimistas era conseguir su propia transmutación. Pero no referida a aspectos psicológicos, ni siquiera espirituales en el sentido más abstracto del término, y mucho menos simbólicos. Se trataba de la transformación de su carne y de su sangre, de sus células, nervios, órganos y cerebro, fluidos y glándulas. Su cuerpo era el verdadero laboratorio y él mismo se convertía en un ser transmutado.

¿Diferencias? El cambio de una mente normal a una mente iluminada, la posibilidad de «respirar luz» y, sobre todo, el poder de asimilar «la nutrición divina» a través de su carne y de su sangre aptas para recibirla. Las operaciones manuales con hornos, matraces y alambiques serían referencias imprescindibles que servirían de reflejo y espejo, pues la naturaleza es «una» y sus procesos y leyes inmutables. Además, y como añadido, les permitía contemplar el espectáculo de la creación que se desarrollaba ante sus ojos.

Sabios alquimistas, cautos constructores y médicos prodigiosos que nos dejaron sus claves en los lugares más inverosímiles y curiosos, y a la vista de todo el mundo en un saber heredado del sagrado conocimiento del antiguo Egipto. Como arriba, así es abajo; como dentro es afuera, nos dijeron a la sombra de su patrón Hermes-Thot. Y además, se dice, eran un tanto burlones. Por cierto, y hablando de bromas, es interesante observar que el famoso *Kybalion*, firmado por unos enigmáticos «tres iniciados» supuestamente considerado un texto vinculado con el hermetismo, se parece demasiado a un libro chino clásico llamado *La espada de la vida,* prácticamente desconocido en Occidente, con semejanzas tales que no es fácil atribuirlas a la casualidad. Es más que razonable pensar que el dicho *Kybalion,* publicado originalmente en 1908, en Chicago, por la *Yogi Publication Society,* fuera escrito por el en su época famoso W. W. Atkinson, prolífico autor que también publicaba con el seudónimo de Yogi Ramacharaka y también con el de Magus Incognitus. Es interesante hacer la comparación con el texto chino, que yo sepa está publicado en español, antes que vincularlo al mismísimo Hermes Trimegisto. Sin embargo, están disponibles excelentes ediciones del *Corpus Hermeticum, Asclepios* o *Poimandrés,* sobre los que sí es evidente su origen hermético. No es preciso confundir las cosas. Pero ya sabemos que la sombra de Thot es alargada.

A punto de enviar este libro a impresión, me han informado de que el Maestro del Oráculo ha fallecido. Ahora sé que era un Maestro sufí amado y respetado tanto por musulmanes como por cristianos. Que Él lo acoja en su seno y lo lleve hasta Su Gloria.

Autores para la formación

C⦾nferencias
EDITATUM

Editatum y **GuíaBurros** te acercan a tus autores favoritos para ofrecerte el servicio de formación GuíaBurros.

Charlas, conferencias y cursos muy prácticos para eventos y formaciones de tu organización.

Autores de referencia, con buena capacidad de comunicación, sentido del humor y destreza para sorprender al auditorio con prácticos análisis, consejos y enfoques que saben imprimir en cada una de sus ponencias.

Conferencias, charlas y cursos que representan un entretenido proceso de aprendizaje vinculado a las más variadas temáticas y disciplinas, destinadas a satisfacer cualquier inquietud por aprender.

Consulta nuestra amplia propuesta en **www.editatumconferencias.com** y organiza eventos de interés para tus asistentes con los mejores profesionales de cada materia.

Nuestras colecciones

Guías para todos aquellos que deseen ampliar sus conocimientos sobre asuntos específicos, grandes personajes, épocas, culturas, religiones, etc., ofreciendo al lector una amplia y rica visión de cada una de las temáticas, accesibles a todos los lectores.

Guías para gestionar con éxito un negocio, vender un producto, servicio o causa o emprender. Pautas para dirigir un equipo de trabajo, crear una campaña de marketing o ejercer un estilo adecuado de liderazgo, etc.

Guías para optimizar la tecnología, aprender a escribir un blog de calidad, sacarle el máximo partido a tu móvil. Orientaciones para un buen posicionamiento SEO, para cautivar desde Facebook, Twitter, Instagram, etc.

Guías para crecer. Cómo crear un blog de calidad, conseguir un ascenso o desarrollar tus habilidades de comunicación. Herramientas para mantenerte motivado, enseñarte a decir NO o descubrirte las claves del éxito, etc.

Guías prácticas dirigidas a la salud y el bienestar. Cómo gestionar mejor tu tiempo, aprenderás a desconectar o adelgazar comiendo en la oficina. Estrategias para mantenerte joven, ofrecer tu mejor imagen y preservar tu salud física y mental, etc.

Guías prácticas para la vida doméstica. Consejos para evitar el cyberbulling, crear un huerto urbano o gestionar tus emociones. Orientaciones para decorar reciclando, cocinar para eventos o mantener entretenido a tu hijo, etc.

Guías prácticas dirigidas a todas aquellas actividades que no son trabajo ni tareas domésticas esenciales. Juegos, viajes, en definitiva, hobbies que nos hacen disfrutar de nuestro tiempo libre.

Guías para aprender o perfeccionar nuestra técnica en deportes o actividades físicas escritas por los mejores profesionales de la forma más instructiva y sencilla posible,

Nuestra colección

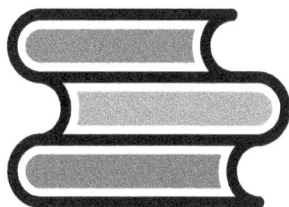

EDITATUM

Libros para crecer

www.editatum.com

www.ingramcontent.com/pod-product-compliance
Lightning Source LLC
Chambersburg PA
CBHW021007090426
42738CB00007B/697